E Bike Tuning 2018

Eine aktuelle Bestandsaufnahme

Jens-Ulrich Müller & Christian Hildebrandt

Stand: Februar 2018

https://www.ebiketuningshop.com
https://www.ebiketuning.com
https://www.ebiketuningblog.com

Inhaltsverzeichnis

1) Einführung

In diesem Buch erfahren Sie alles zum Thema E Bike Tuning 2018. Es handelt sich um eine aktuelle Bestandsaufnahme der derzeitigen Möglichkeiten und Lösungen das eigene E Bike zu entsperren und höhere Geschwindigkeiten mit Motorunterstützung zu erreichen.

Man kann jetzt schon sagen, dass dieses Jahr besonders spannend wird, denn 2018 werden uns viele Updates und neue Tuning Produkte auf dem E Bike Tuning Markt erwarten. Wir möchten Ihnen an dieser Stelle auch gleich eine kleine aktuelle Übersicht präsentieren. Außerdem möchten wir in diesem Buch auf eine Reihe von Themen eingehen, die in Sachen E Bike Tuning von allgemeinem Interesse sein dürften – z.b. werden wir Sie darüber in Kenntnis setzen, welche E Bike Motoren derzeit überhaupt getunt werden können (Kapitel 4 „Diese E Bike Motoren können Sie tunen") und was für verschiedene Arten von E Bike Tuning Lösungen es eigentlich gibt (Kapitel 5 „E Bike Tuning Kategorien"). Unter Kapitel 6, „Maximale Geschwindigkeit", wollen wir Sie kurz und knapp informieren, welche Möglichkeiten Sie haben, die Maximalgeschwindigkeit Ihres E Bikes effektiv heraufzusetzen. Im Kapitel, „Tuning Gegenmaßnahmen" (Kapitel 8), werden wir uns mit einem Thema beschäftigen, das schon seit einigen Jahren wie ein Damoklesschwert über der E Bike Tuning Szene hängt, nämlich mit den angekündigten Anti-Tuning-Maßnahmen durch die E Bike Motorenhersteller. Lesen Sie bitte auch Kapitel 9 mit wichtigen Hinweisen zu StVO und Gewährleistung, sowie mit Begriffsklärungen und weiteren Anmerkungen.

Zuerst möchten wir Ihnen aber die wichtigsten neuen Tuning-Produkte für das Jahr 2018 kurz vorstellen:

2) Wichtige E Bike Tuning Tools 2018

Der E Bike Tuning Shop ist seit 2013 der führende Online Shop für E Bike Tuning Produkte. Von ca. 22 E Bike Tuning Produkten am Markt befinden sich alleine 13 Tuning Produkte exklusiv dort im Shop. In den nächsten Monaten stehen alleine 5 neue Veröffentlichungen an.

Alle Seiten des Shops sind so aufgebaut, dass Sie schnell zu Ihrem gewünschten Tuning Produkt gelangen. Durch kurzes Einstudieren wesentlicher Merkmale von E Bike Tuning Möglichkeiten zu Ihrem Motor finden Sie schnell das individuell passende Tuning Produkt: Ob Box, Dongle, Modul, Software Tuning oder Werkzeug:

- Finden Sie den exakten Namen Ihres Motors heraus!

- Vergleichen Sie die jeweils erhältlichen E Bike Tuning Produkte!

- Entscheiden Sie sich!

Tipps:

- Für Neueinsteiger empfehlen wir ganz besonders die „So geht´s" Rubrik im E Bike Tuning Shop: https://www.ebiketuningshop.com/so-geht-s.html

- Den englischen Shop finden Sie unter https://www.ebiketuning.com

Die neusten Produkte:

2017 standen Produkte wie SpeedBox, BluePed, Badass, PearTune, SpeedChip, ASA eSpeed im Vordergrund und haben gute Leistungen vollbracht. Neu hinzukommen werden 2018 DoubleDongle, MountainTuning, sIMPLEk, thadix, und das neue RedPed Modul (korrekte km/h im Display, volle Kontrolle via App von 15 bis 75 km/h, Absicherung des Datenverkehrs, Fahrtenbuch, Feinabstimmung,...) aus der BlackPed Familie. Viele andere Produkte werden sich in Ihren Nischen behaupten wie GreenPed, JUM-Ped, oder EBikeBooster.

- Einige Updates für das Jahr 2018 sind bereits vollzogen worden; ein Beispiel wäre die neue **Badass Box 4**.

- **MountainTuning** für Rocky Mountain Powerplay Motoren wird mit das umfangreichste Tuning, das es wohl auf dem E Bike Tuning Markt gibt, denn es ermöglicht nicht nur den Zugriff auf die maximale Motorunterstützung von 0 bis (eher theoretische) 9999 km/h. Durch die Erhöhung der Ampere von 20A auf 22A lässt sich zudem die Leistung um 10% erhöhen.

- Der **DoubleDongle** ist ein doppelter Dongle. Ein Dongle hebt die maximale Motorunterstützung um das doppelte an, der andere Dongle limitiert sie auf 18 km/h. Welchen Dongle Sie einstecken - oder auch keinen - können Sie jederzeit selbst entscheiden.

- Eine ganz neue Art von Tuning Produkten ist der **sIMPLEk** Tuning Bausatz. Denn hier können Sie selber ihr Modul zusammenlöten und erhalten ein Modul, das sogar die korrekte Geschwindigkeit anzeigt. Daneben erscheint ein Dongle mit korrekter Geschwindigkeitsanzeige und ein Dongle mit Maximierung der Reichweite.

- Das Top Produkt für 2018 dürfte das **RedPed** werden. Absolute Kontrolle mit vielen Einstellungen, Optionen und Darstellungsmöglichen: Korrekte km/h im Display, volle Kontrolle via App von 15 bis 75 km/h, Absicherung des Datenverkehrs, Fahrtenbuch, Feinabstimmung,...

E Bike Tuning Shop: https://www.ebiketuningshop.com

Alle E Bike Tuning Produkte im Überblick:

a) BlackPed, RedPed, BluePed & GreenPed

Voraussichtlich Anfang 2018 wird mit „RedPed" eine optimierte Version der bisherigen BlackPed+ Module auf den Markt kommen. Auch RedPed wird bequem per Smartphone App steuerbar sein; und dank des enormen Funktionsumfangs ist dieses Modul bereits jetzt ein heißer Anwärter auf den Titel „Bestes Tuning Produkt 2018".

Ein paar der wesentlichen RedPed Features sind: Individuelles Einstellen der maximalen Motorunterstützung von 15 bis 75 km/h, korrekte Daten auf dem E Bike Display (Geschwindigkeit, Gesamtkilometer etc.), extrem umfang-reiche Tacho Funktionen auf dem Smartphone, Absicherung des Bluetooth Datenverkehrs, Fahrtenbuch, etc.

Das RedPed Modul wird erhältlich sein für E Bikes mit Bosch Gen2 Motoren (Active, Performance, CX), Yamaha

PW-X und PW-SE Motoren sowie Yamaha Syncdrive Antrieben (Giant E Bikes mit RideControl EVO oder CHARGE Display). Die GreenPed (Yamaha SyncDrive) und BluePed (Yamaha Powerdrive) Module dagegen bleiben weiterhin in ihren speziellen Einsatzfeldern unangefochten. Zuerst wird das RedPed Modul für Yamaha PW-X auf den Markt kommen, alle weiteren RedPed Module werden wohl im ersten Quartal 2018 folgen.

Fazit: Auch 2018 werden die Module aus der BlackPed Familie ganze vorne mitspielen und in Sachen Komfort und Funktion führend sein. Das neue RedPed Modul dürfte den Abstand zu anderen Modulen noch einmal deutlich machen.

RedPed:
https://ebiketuningblog.com/category/redped/

BluePed:
http://www.blueped.bike

GreenPed:
https://www.ebiketuningshop.com/e-bike-tuning/greenped.html

BlackPed:
http://www.blackped.com

Alle Produkte im E Bike Tuning Shop:
https://www.ebiketuningshop.com/shop.html

b) eMax

Ganz weit vorne in Sachen E Bike Tuning war auch die eMax 3.x Software, die bereits Mitte 2017 auf den Markt kam (zunächst als eMax Sensor). Die Besonderheit: Es handelte sich dabei um kein physisches Tuning Modul mehr, sondern um eine rein Software-basierte Tuning Lösung für Shimano STEPS E8000 E Bikes (mit oder ohne elektronischem Di2 System) – irgendwelche mechanischen Arbeiten am E Bike waren also nicht mehr nötig (alles was Sie benötigten waren ein Windows PC und ein SM-PCE1 Interface). Mit der eMax Software konnten Sie die Maximalgeschwindigkeit auf bis zu 60 km/h heraufsetzen, und zwar individuell für jede Unterstützungsstufe, bei gleichzeitiger korrekter Anzeige aller Werte auf dem E Bike Display. Darüber hinaus gab es noch viele weitere Funktionen, z.B. die präzise Einstellung des Radumfangs zum Zweck der Kalibrierung.

Leider ist die eMax Software Version 3.98 seit dem durchgeführten Upgrade der Shimano Firmware von Version 4.3.2 auf Version 4.3.4 nicht mehr kompatibel zur Shimano Software (Ende Januar 2018). Shimano hatte hier der eMax Software einen Riegel vorgeschoben. Daraufhin hat der E Bike Tuning Shop den Vertrieb eingestellt. Eine neuere Version der eMax Software befindet sich inzwischen wieder im Netz, jedoch kann diese nicht mehr den vollen Funktionsumfang bieten (wie z.B. die korrekte Anzeige der Geschwindigkeit und anderer Werte). Zwar ist zurzeit noch ein Downgrade der Shimano Firmware möglich, allerdings dürfte es nur eine Frage der Zeit sein, bis Shimano auch dies verhindern wird. Daher bewerten wir das Tuning als sehr instabil und somit als nicht mehr zukunftssicher. Wir empfehlen deshalb, vorsorglich auf andere Tuning Lösungen für Shimano Motoren auszuweichen.

Fazit: Leider nicht mehr empfehlenswert.

http://www.emax.bike

c) DoubleDongle

Mit dem „DoubleDongle" wird 2018 ein neuer Dongle auf dem E Bike Tuning Markt erscheinen. Offenbar feiert der Dongle mit diesem Produkt sein unerwartetes Comeback – doch warum eigentlich?

Hier muss man ein bisschen ausholen: Grundsätzlich stellt sich die Frage, ob man auch dann von Tuning sprechen kann, wenn der Dongle, welcher im angeschlossenen Zustand die Geschwindigkeitsbegrenzung eines E Bikes aufhebt, gerade abgezogen wurde und sich somit gar nicht mehr am E Bike befindet. Dies ist insbesondere aus rechtlicher Sicht eine interessante Frage. Hier könnte der DoubleDongle eine vielversprechende Lösung sein.

Den DoubleDongle besteht nämlich, wie der Name schon sagt, aus gleich 2 Dongles (aber nur einem Kabelsatz). Der eine Dongle halbiert die übermittelten Geschwindigkeitswerte und verdoppelt dadurch die maximale Motorunterstützung von 25 auf 50 km/h (also ganz klassisch), während der andere Dongle die übermittelte Geschwindigkeit ab ca. 18 km/h verdoppelt, wodurch die maximale Motorunterstützung halbiert wird. In anderen Worten: Der eine Dongle erhöht die maximale Geschwindigkeit, der andere limitiert sie. Doch wozu sollte man überhaupt einen Dongle brauchen, der die maximale Geschwindigkeit herab- und nicht heraufsetzt? Doch, dies kann durchaus Sinn machen, insbesondere für ältere oder sehr junge Menschen kann eine Maximalgeschwindigkeit von 25 km/h nämlich subjektiv schon zu schnell sein. Und auch in Innenstädten mit viel Verkehr oder bei gemütlichen Touren durch den Stadtwald kann eine stärkere Begrenzung durchaus angebracht sein. Selbst im E-MTB Bereich kann eine früher einsetzende Begrenzung zu Trainingszwecken durchaus Sinn machen.

Fazit: Der DoubleDongle ist ein preiswerter Dongle mit einer praktischen Doppelfunktion, nämlich die maximale Geschwindigkeit zu senken oder zu verdoppeln. Durch Ziehen des Dongles können alle Funktionen jederzeit problemlos auf den Ausgangswert zurückgestellt werden.

Der DoubleDongle wird ab März 2018 erhältlich sein für Bosch, Brose und Yamaha E Bike Motoren.

http://www.doubledongle.bike

https://www.ebiketuningshop.com

d) JUM-Ped

Das JUM-Ped als ideales Software Tuning Produkt für Bosch Classic und BionX Motoren wird sicherlich auch 2018 wieder viele neue Freunde finden. Das kompakte Gerät hat den Vorteil, dass man es während der Fahrt bequem bei sich führen und damit das Software Tuning durchführen kann. Eine zügige Aktivierung bzw. De-aktivierung ist also jederzeit möglich, ohne größeren Aufwand.

http://www.jum-ped.com

https://www.ebiketuningshop.com/e-bike-tuning/jum-ped.html

e) Badass Box

Die Badass Box deckt auch weiterhin die meisten E Bike Motoren ab – die kleine Aufsteckbox passt optimal zu Bosch Classic, Active, Performance, CX sowie Yamaha Powerdrive, Yamaha Syncdrive, Yamaha PW-X und PW-SE E Bike Antrieben. Selbst passende Brose, Shimano und

Impulse Motoren können mit diesem praktischen Tool optimiert werden. Die simple Installation und der schnelle Rückbau machen die Badass Box zu einem effektiven und bewährten Tuning Produkt. Sicherlich wird in Sachen Badass Box im Jahr 2018 so einiges passieren. Erste heiße News sind bereits durchgesickert: In Kürze wird die Badass Box für Panasonic 36V Mittelmotoren erwartet. Die neue Shimano Badass Box ist soeben in der neuen 4er Badass Version mit AAA Batterie, Magnet mit neuer Feststellschraube sowie einem deutlich kleinerem & cooleren Gehäuse und mit neuer Aufstecktechnologie erschienen.

https://www.ebiketuningshop.com/e-bike-tuning/badassebikes-box.html

f) PearTune

Im Jahr 2018 kommen zwei neue PearTune Module auf den Markt, darunter eine „Still On" Version, bei der das Tuning nach dem Einbau immer aktiv ist und nicht ein- oder ausgeschaltet werden muss: PearTune für Shimano. Auch die anderen PearTune Module sind weiterhin auf sehr hohem technischem Niveau: PearTune für Bosch, Yamaha Powerdrive, Yamaha Syncdrive oder Brose. Weitere spannende Neuerungen sind in Vorbereitung. Das PearTune für Bosch hat sich als programmatische Tuning Lösung bestens bewährt, unter anderem auch aufgrund der korrekten km/h-Anzeige auf dem Display.

http://www.peartune.com

https://www.ebiketuningshop.com/e-bike-tuning/peartune-mso.html

g) SpeedBox

Auch der Erfolgskurs der SpeedBox wird sich 2018 ganz sicher ungebremst fortsetzen. Kein Wunder, denn gerade die vielen unterschiedlichen SpeedBox Tuning Lösungen für die diversen Yamaha E Bike Antriebssysteme decken ein unheimlich weites Feld ab. Im Januar 2018 wurden bereits edle „Platinum" Versionen der beliebten SpeedBox Module veröffentlicht – die hochwertig verarbeiteten Platinum Versionen sollen leistungsstärker, ökologischer und darüber hinaus noch ganze 30 Prozent kleiner sein als ihre Vorgänger.

Achtung: Die SpeedBox Platinum Tuning Tools kommen nur in einer limitierten Auflage auf den Markt, schnelles Zugreifen macht also durchaus Sinn! Am beliebtesten ist übrigens die SpeedBox 2 für Bosch Active, Performance und CX Motoren.

https://www.ebiketuningshop.com/e-bike-tuning/speedbox.html

h) sIMPLEk

Mit dem sIMPLEk Modul ist ein ganz neues Tuning Produkt auf den Markt gekommen, das bereits seit 2017 ausgiebig getestet wurde. Dieses Tuning Tool hebt die Geschwindigkeitsbegrenzung von Bosch und Yamaha E Bikes gleich komplett auf. Es handelt sich bei sIMPLEk übrigens um einen Bausatz, dessen einzelne Bauteile die Kunden vor dem Einbau selbst in Eigenregie mit einem Lötkolben zusammensetzen müssen. Wir sind zuversichtlich, dass wir passende Lötkolben schon bald in unser Sortiment aufnehmen können. Die Löt-Saison kann also beginnen!

Zum obigen sIMPLEk Modul wird sich in Kürze der erste Selbstbau Dongle von sIMPLEk gesellen, der sIMPLEk Stick. Und die großartige Nachricht: Trotz Dongle wird im E Bike Display immer noch die korrekte km/h-Anzeige ablesbar sein. Erscheinen wird der Stick für Bosch, Yamaha, Brose und Impulse! Es handelt sich dabei also um den ersten Tuning Dongle mit korrekter km/h-Anzeige auf dem Markt überhaupt!

Darüber hinaus erscheint in Kürze eine ECOplus Version vom sIMPLEk Stick. Hier steht nicht das Aufheben der maximalen Geschwindigkeit im Vordergrund, sondern die Maximierung der Reichweite. Und so funktioniert die ECOplus Version: Sobald der eingebaute Stick eine konstante Geschwindigkeit erfasst, wird die Unterstützung zurückgefahren und schleichend abgestellt. Wenn die Geschwindigkeit unter einen gewissen Wert fällt oder eine gewisse Zeitspanne überschritten wird, so wird die Motorunterstützung wieder schleichend zuge-schaltet. Durch dieses Verfahren wird eine Einsparung der Akkukapazität von bis zu 20% erreicht. Das heißt bis zu 20% mehr Reichweite für Ihr E Bike. Der sIMPLEk Stick in der ECOplus Variante ist auch als Add-on zum normalen sIMPLEk Stick erhältlich. So haben Sie auch hier zwei Dongle Möglichkeiten an einem Kabelsatz.

Fazit: Wir halten sIMPLEk für eine starke Neuerung am E Bike Tuning Markt. Er schließt einige Lücken, die bislang noch nicht gefüllt werden konnten: Selbstbau, Dongle mit korrekter Geschwindigkeit und Reichweiten Maximierung. Der sIMPLEk Stick wird ab März 2018 erhältlich sein für Bosch, Brose und Yamaha E Bike Motoren.

Lösungen für die unterschiedlichen Impulse Motoren sind ebenfalls in Arbeit, werden aber noch ausgiebig an den vielen unterschiedlichen Impulse Motoren getestet.

https://www.ebiketuningshop.com/e-bike-tuning/simplek.html

i) SpeedChip

Den SpeedChip für die klassischen Bosch und Yamaha PW Antriebe gibt es bereits, doch 2018 wird sogar ein SpeedChip speziell für die kraftvollen Yamaha PW-X und PW-SE E Bike Motoren auf den Markt kommen. Die große Besonderheit am SpeedChip ist, dass dieses Tuning Tool mit einer Micro-USB Schnittstelle ausgestattet ist, so dass man dessen Einstellungen individuell via PC konfigurieren kann. Die Höhe der maximalen Motorunterstützung lässt sich so auf bis zu 75 km/h heraufsetzen. Ein- und Ausschalten des Tunings ist jederzeit möglich, und zwar ganz bequem über die Bedientasten des E Bikes.

Die Module werden derzeit überarbeitet, so das sie in Zukunft wasserdicht (wegen der Micro-USB Schnittstelle) und noch stabiler sein sollen.

https://www.ebiketuningshop.com/e-bike-tuning/speedchip.html

j) Sx2 Dongle

Der Sx2 Dongle ist ein lange bewährtes Tuning Tool, mit dem man bei fast allen gängigen E Bike Antrieben die Motorunterstützung von 25 auf 50 km/h verdoppeln kann (Bosch, Yamaha, Brose, Panasonic, Impulse). 2018 soll jetzt endlich auch der, lang ersehnte, Sx2 Dongle für Shimano E Bikes auf den Markt kommen. Die Tests sind momentan noch am Laufen. Wir werden übrigens extra noch ein sehr schmales Verlängerungskabel in das Sortiment unserer Shops aufnehmen, so dass man den Kabelbaum bequem durch den Rahmen bis zum Lenker führen kann.

http://www.sx2dongle.com

https://www.ebiketuningshop.com/e-bike-tuning/sx2-dongle.html

k) MountainTuning Tool (MTT)

Wir freuen uns sehr, dass wir demnächst endlich auch ein Tuning Tool für Rocky Mountain Altitude Powerplay Motoren in unser Programm aufnehmen werden. Bei MountainTuning handelt es sich um eine Softwarelösung mit Steuergerät, mit der man nicht nur die maximale Motorunterstützung einstellen, sondern auch die Energie-zufuhr des Akkus um bis zu 10% steigern kann. Interessant ist auch, dass sich das zugehörige Steuer-gerät zum Einstellen des Powerplay Antriebs, dank der zahlreichen dargestellten Parameter, sogar als E Bike Display eignet.

Dieses bahnbrechende Produkt wird es exklusiv nur im „E Bike Tuning Shop" und bei „E Bike Tuning" geben, und zwar voraussichtlich ab März 2018.

https://ebiketuningblog.com/category/mountaintuning/

l) BLEvo

Eine ganz neue, rein Software-basierte, Tuning Lösung kommt mit der BLEvo App für Specialized Turbo Levo (Brose Motor) und Specialized Turbo Kenevo EMTBs. Diese App macht es möglich, die genannten E Bike Typen in vielerlei Hinsicht zu optimieren – und zwar ganz ohne irgendwelche physischen Tools (die Verbindung zwischen Smartphone-App und E Bike erfolgt komplett kabellos via

Bluetooth). Der Clou: Mit Hilfe der BLEvo App lässt sich der angegebene Radumfang unter den legalen Umfang reduzieren. Dadurch lässt sich die Höhe der maximalen Motorunterstützung von 25 auf bis zu 70 km/h verschieben! Wir haben hier also im Prinzip eine Smartphone-App mit Tuning-Option. Der Funktionsumfang der BLEvo App geht sogar noch weit über reine Tuning-Funktionen hinaus. Sie können die App auch nutzen, um diverse Einstellungen des E Bikes bequem zu konfigurieren (Zeus-, Zeus49-, Zeus100- und Z-Works). Außerdem beinhaltet die App einen „Fahrradmonitor", mit dem man die Leistung des E Bikes überwachen und abspeichern kann. Die „Smart HR" Funktion ermöglicht die automatische Anpassung der Unterstützung, und zwar basierend auf den Messungen des zugehörigen Herzfrequenzmessers. Ganz neu per Update hinzugekommene Features sind z.B. eine Funktion zur Messung des atmosphärischen Drucks und der Umgebungstemperatur, eine Batterieverbrauchsstatistik für die jeweiligen Unterstützungsstufen etc. Erhältlich für Android & iOS (bei iOS mit leicht reduziertem Funktionsumfang).

https://ebiketuningblog.com/category/blevo/

m) ASA eSpeed

Bei ASA eSPEED handelt es sich um bewährte digitale Tuning Module, die für Yamaha- und Bosch-E-Bikes erhältlich sind (Classic-, Active-, Performance- & CX-Line). Die Begrenzung der Motorunterstützung wird komplett aufgehoben, ohne irgendwelche Zugeständnisse an die Funktionsweise des HMI – das bedeutet, auch bei aktivem Tuning funktioniert das E Bike genau wie zuvor, nur dass der Motorsupport nicht mehr bei 25 km/h stoppt. Diese Tuning Module waren übrigens die ersten, bei denen die aktuelle Geschwindigkeit korrekt angezeigt wurde – damit waren die ASA eSPEED Module ihrer Zeit ganz klar voraus und echte Vorreiter. Eine Besonderheit bei eSPEED ist auch, dass es sich hierbei um die kleinsten Tuning Module auf dem Markt handelt – deshalb lassen sich die Module auch bei dem stetig geringer werdenden Platz im Motorraum weiterhin optimal einbauen. Übrigens hat der Hersteller sämtliche eSPEED Module für 2018er E Bike Modelle optimiert. Interessant ist auch, dass der ASA eSPEED Algorithmus zur Vermeidung der Detektierung/Erkennung durch Bosch angepasst wurde.

https://www.ebiketuningshop.com/e-bike-tuning/asa-espeed.html

n) Polini

Die Produktpalette von Polini umfasst viele Tuningteile für Leichtkrafträder und Roller. Die Produkte sind vorwiegend für den Rennsport vorgesehen. Daneben stellt Polini auch eigene Motorräder und Leichtkrafträder her. Neueren Datums sind im Polini Sortiment auch ein eigens entwickelter E Bike Motor (E-P3) und E Bike Tuning Produkte. Mit einem Magnet (Reedkontakt), von außen befestigt, konnten bislang Module für Bosch, Yamaha Powerdrive, Brose und Panasonic Motoren optimiert werden. Nun kommen Module für den Shimano und Yamaha PW-X Motor sowie den hauseigenen E-P3 Motor hinzu. Darüber hinaus erschien soeben ein erweitertes Modul für Bosch Active, Performance und CX Motoren mit korrekter Geschwindigkeitsanzeige bis 50 km/h.

https://www.ebiketuningshop.com/e-bike-tuning/polini.html

o) Weitere Tuning Produkte

Von den übrigen E Bike Tuning Produkten, wie etwa dem EBikeBooster haben wir bislang noch keine Neuerungen gehört – oder wir haben noch keine Erlaubnis Neuigkeiten darüber zu berichten – oder wir wissen einfach (noch) nichts über sie...

EBikeBooster:
https://www.ebiketuningshop.com/e-bike-tuning/ebikebooster.html

EBikeSpider Tool:
https://www.ebiketuningshop.com/e-bike-tuning/ebikespider.html

EBikeConnector:
https://www.ebiketuningshop.com/shop/zubehor/e-bike-connector.html

Der Vollständigkeit halber finden Sie hier eine Auflistung aller uns bekannten E Bike Tuning Produkte:
https://ebiketuningblog.com/e-bike-tuning-produkte/

3) E Bike Tuning Vergleich

Unser großer E Bike Tuning Vergleich wird auch 2018 fortlaufend aktualisiert und auf den neuesten Stand gebracht werden. In dieser praktischen Übersicht können Sie nicht nur die Eigenschaften der unterschiedlichen E Bike Tuning Produkte kinderleicht miteinander vergleichen, Sie sehen auch auf einen Blick, welches Tuning Tool eigentlich zu welchen Motoren passt. Außerdem finden Sie Infos zu vielen weiteren relevanten Themen, z.B. können Sie die Dauer des Einbaus der verschiedenen Tools vergleichen oder sich informieren, ob eventuell Spezialwerkzeuge benötigt werden.

	Sx2 Dongle	ASA eSpeed	Badass Box	JUM-Ped / Booster	BlackPed / BlackPed+	BluePed / GreenPed	eMax	SpeedChip	PearTune	Speedbox1	Speedbox2	sIMPLEk	Polini
Funktionen	*	***	*	*****	*****	*****	*****	*****	***	**	***	***	*
Einfacher Einbau des Tunings	*	**	*****	*****	**	**	*****	**	**	**	**	**	**
Unsichtbar nach Einbau	***	*****	*	*****	*****	*****	*****	*****	*****	*****	*****	*****	***
Ein- / Ausschalten während der Fahrt	**** Dongle, (Licht)	***** Display	* Box	* Gerät	***** App, Licht	***** App, Display	* PC	***** PC, Display	***** Display	***** Display	***** Display	**** Display	*** Magnet
Kein Tuning mehr am Rad	****	*	*****	*****	*	*	*****	*	*		*****	***	***
Unsichtbarer Rückbau	***	****	*****	*****	****	****	*****	****	****		*****	****	****
Einfacher Rückbau	*	**	*****	*****	**	*	*****	**	**		**	**	**
Anzeige korrekte Km/h	*	***** Display	*	***** Display	*** Smartphone	***** Display & Smartphone	***** Display	***** Display	***** Display	*	***** Display	**** Display	*
Entdrosseln	***** bis 50 km/h	***** Aufhebung	***** bis 50 km/h	***** Aufhebung / bis 60 km/h	***** bis 75 km/h	***** bis 75 km/h	***** bis 60 km/h	***** bis 75 km/h	***** Aufhebung	***** bis 50 km/h	***** bis 50 & bis 99 km/h	***** bis 99 km/h	***** bis 50 km/h
Drosseln	*	*	*	*****	***** bis 15 km/h	***** bis 15 Km/h	*	***** bis 15 km/h	*	*	*	*	*
Preis in Euro	139 bis 159 Euro	138 Euro	139 Euro	169 bis 209 Euro	99 bis 149 Euro	169 Euro	159 Euro	139 Euro	139 bis 179 Euro	139 Euro	99 bis 179 Euro	99 Euro	99 Euro

Die einzelnen Testkategorien erklären wir umfangreich in

unserem Online Vergleich:

https://www.ebiketuningshop.com/vergleich.html

Der E Bike Tuning Vergleich wird Ihnen auch in Zukunft eine große Hilfe sein, wenn Sie auf der Suche nach einem passenden Tuning Produkt sind oder sich ganz einfach noch mehr über das Thema informieren möchten.

Tipp: Wenn Sie gar nicht wissen, wie E Bike Tuning eigentlich abläuft, möchten wir Ihnen unsere „So geht´s" Rubrik ans Herz legen. Dort finden Sie eine Schritt-für-Schritt Anleitung, wie man in Sachen E Bike Tuning am besten vorgehen sollte:

https://www.ebiketuningshop.com/so-geht-s.html

Die genaueren Erläuterungen zu den einzelnen Kategorien aus dem Vergleich:

a) Funktionen

Hier geht es darum, wie umfangreich die Funktionen des jeweiligen Tuning Produkts sind. Selbstverständlich sind alle Tuning Tools in der Lage, die maximale Motorunterstützung heraufzusetzen – dies ist ja schließlich die absolute Mindestanforderung und die Hauptfunktion entsprechender Vorrichtungen, wenn Sie zu Sport- und Werbezwecken, fernab der Strassenverkehrsordnung, unterwegs sind. Allerdings gibt es, je nach Tuning Produkt, weitergehende Einstellungsoptionen – z.B. kann man beim Sx2 Dongle mit Aktivschalter das Tuning direkt am Display hinzu- oder abschalten, und beim ASA eSpeed kann man sogar einzelne Unterstützungsmodi zur Optimierung freigeben, was sich im Gelände als sehr komfortabel herausstellt. Beliebt sind auch zuverlässige

Module wie die SpeedBox oder das PearTune, die einfach aktiviert und deaktiviert werden können und die korrekte Geschwindigkeit im E Bike Display anzeigen. Darüber hinaus gibt es bei manchen Tools auch Modifikationsmöglichkeiten, die über reine Tuning Funktionen hinausreichen – ein gutes Beispiel ist das JUM-Ped für BionX, mit dem sich nicht nur der Motor tunen, sondern sogar die Gashebelfunktion modifizieren lässt etc. Je höher der Funktionsumfang des Tools, desto mehr Punkte haben wir vergeben. Mit dem BlackPed, BluePed, GreenPed (jeweils eigene Apps) und dem SpeedChip (mit dem PC über Mirco USB) können Sie den weitreichendsten Einfluss auf Ihr E Bike ausüben.

b) Einfacher Einbau des Tunings

Hier testeten wir, wie einfach der Einbau des Tunings ist. Braucht man Werkzeug, technische Fachkenntnisse oder gar Spezialwerkzeug? Wie zeitaufwändig ist der Einbau? Auch hierbei kann es, je nach Tool, beträchtliche Unterschiede geben: Beim JUM-Ped z.B. muss nur das Kabel an der Konsole in das Tool gesteckt werden. Bei der Badass Chiptuning Box dagegen muss das Tuning Tool auf den Sensor am Hinterrad aufgesteckt werden. Ganz anders beim Sx2 Dongle, dem ASA eSpeed Tuning Modul, dem SpeedChip, PearTune, SpeedBox oder dem BlackPed: Hier muss der Motorraum aufgeschraubt werden, um das Tuning zu verbauen. Umso leichter und unkomplizierter der Einbau, desto mehr Punkte haben wir vergeben. Wir haben zum einfachen Selbsteinbau Werkzeug Sets zusammengestellt, so dass Sie das Tuning auch selber einbauen können.

https://www.ebiketuningshop.com/shop/zubehor.html

c) Unsichtbar nach Einbau

Manche Fahrer legen großen Wert darauf, dass das Tuning Tool von außen nicht erkennbar sein soll. Dies ist in den meisten Fällen kein Problem - es zeigte sich, dass sich nur die Badass Chiptuning Box auf jeden Fall zu sehen ist. Beim Sx2 Dongle kommt es letztlich darauf an, wie man den Kabelsatz verbaut (um die Spritzwassergefahr bei abgezogenen Dongle abzuwenden empfiehlt es sich das Kabel nach unten zeigend zu befestigen). Auch die Sx2 Dongle Version mit Aktivschalter kann komplett und unsichtbar im Motorraum verbaut und dann über den Lichtschalter aktiviert werden – allerdings hat man dann nicht mehr die Möglichkeit, das Tuning Tool schnell und unkompliziert zu entfernen. Das ASA eSpeed, das PearTune MSO, das BlackPed und die SpeedBox sind im Motor verbaut und daher nicht sichtbar. Das JUM-Ped und der EBikeBooster ja sowieso, da sie beide als externe Geräte nicht am E Bike verbleiben.

d) Ein- / Ausschalten während der Fahrt

Hier geht es darum, ob man das Tuning während der Fahrt ein- und ausschalten kann. Vor allem im Gelände eine angenehme Funktion. Muss man dafür extra anhalten oder gar den kompletten Motorbereich aufschrauben? Auch hier kann es, je nach Tool, beträchtliche Unterschiede geben. Beim ASA eSpeed und dem Sx2 Dongle mit Aktivschalter reichen ein Knopfdruck am Display. Beim Sx2 Dongle ohne Aktivschalter reicht es, den Dongle abzuziehen – wenn der Dongle gut verbaut ist, stellt das kein Problem dar. Beim JUM-Ped muss man anhalten und das JUM-Ped neu anschließen, wenn man das Tuning rückgängig machen möchte. Bei der Badass Box reicht es, das Tool abzuziehen und den Magneten auf der Speiche wieder in seine ursprüngliche Position zu versetzen. BlackPed, SpeedChip, BluePed, GreenPed, PearTune und SpeedBox können bequem per Tastendruck hinzugeschaltet werden.

e) Kein Tuning mehr am Rad

Diese Frage ist nicht klar zu beantworten. Prinzipiell geht es hier darum, ob man das getunte E Bike auch während der Fahrt oder auf Tour wieder problemlos in einen StVZO-konformen Zustand bringen kann. Auch hier gibt es, je nach Tuning Tool, beträchtliche Unterschiede: ASA eSpeed, BlackPed, PearTune und SpeedBox beispielsweise lassen sich nur durch Öffnen des Motors komplett entfernen. Bei der Badass Chiptuning Box und dem JUM-Ped benötigt man nur etwas Zeit, um das Tool zu entfernen bzw. das Tuning rückgängig zu machen (das JUM-Ped verbleibt ja nach dem Tuning ohnehin nicht am Fahrzeug). Unter diesem Aspekt hat der Dongle seine besondere Stärke: Der Dongle kann nämlich in Sekundenbruchteilen ohne großen Aufwand abgezogen werden, so dass nur der Kabelsatz am E Bike verbleibt – in diesem Fall ist das Tuning zumindest nur noch in Teilen vorhanden. Ob man dann noch von Tuning im engeren Sinne sprechen kann, können wir überhaupt nicht sagen (relevant für Versicherungsschutz, etc.). Wir empfehlen, das Rad sicherheitshalber überhaupt nicht mehr in den Strassenverkehr zu bringen. Sicher ist sicher.

f) Unsichtbarer Rückbau

Hier testeten wir, ob die Tuning Tools nach dem Entfernen sichtbare Spuren am E Bike oder an dessen Motor hinterlassen. Dabei fiel auf, dass das JUM-Ped und die Badass Chiptuning Box gar keine sichtbaren Spuren zurücklassen. Die SpeedBox, das BlackPed und das ASA eSpeed fallen kaum auf, da nur Steckverbindungen genutzt werden. Beim Sx2 Dongle ohne Aktivschalter dagegen muss der Kabelsatz mittels Schneidklemmen mit dem Motor verbunden werden. Das BlackPed hat komplett eigene Steckverbindungen und ist im Vergleich zum PearTune etwas komfortabler. Die SpeedBox und das PearTune Module haben inzwischen auch sehr gute Steckverbindungen.

g) Einfacher Rückbau

Hier testeten wir bei den einzelnen Tuning Produkten, wie einfach und zeitaufwändig es ist alles zu entfernen. Außerdem prüften wir, ob man dazu möglicherweise Spezialwerkzeug benötigt. Desto weniger Aufwand betrieben werden muss, um das Tuning dauerhaft zu entfernen, desto mehr Punkte haben wir für die jeweiligen Tools vergeben. Beim ASA eSpeed zeigt sich, dass es zwar ohne besondere Spuren zu hinterlassen entfernt werden kann, der Rückbau selbst aber mit einigem Aufwand verbunden ist. Mit Steckern wie beim BlackPed, BluePed, GreenPed, SpeedBox ist der Rückbau einfacher und unsichtbarer. Auch hier kommen die von uns zusammengestellten Werkzeug Sets wieder zum Einsatz.

https://www.ebiketuningshop.com/shop/zubehor.html

h) Anzeige korrekte Geschwindigkeit und Kilometer

Hier kann man sehen, ob die E Bike Displays auch im getunten Zustand noch die korrekte Geschwindigkeit und Kilometerzahl angeben. Dies hat folgenden Hintergrund: Die meisten E Bike Tuning Tools funktionieren nach dem Prinzip der „Frequenzteilung" – das bedeutet, die Tools bewirken, dass ab einem bestimmten Tempo (meist 16-

23 km/h) nur noch die Hälfte der tatsächlichen Geschwindigkeit vom Sensor übermittelt wird, so dass sich die maximale Motorunterstützung (mindestens) verdoppelt. Das Problem dabei ist, dass dann in der Regel auch nur die Hälfte der realen Geschwindigkeit angezeigt wird – d.h., im Display werden 20 km/h angezeigt, aber in Wahrheit fährt man 40 km/h etc. Dies ist z.B. der Fall beim Sx2 Dongle und der Badass Chiptuning Box. Nicht so beim ASA eSpeed, dem PearTune und der SpeedBox, sowie dem SpeedChip, dem BluePed und GreenPed – dank der mikroprozessorgesteuerten Elektronik dieser Tools werden auch beim getunten Fahren stets das korrekte Tempo und die tatsächlich gefahrenen Kilometer angezeigt. Gleiches gilt auch für das JUM-Ped: Hier kann es die genannten Probleme gar nicht geben, da dieses Tool gar keine Frequenzteilung betreibt. Obige Tuning Produkte sind die einzigen Tools, bei denen Geschwindigkeit und Kilometer trotz Tuning weiterhin korrekt angezeigt werden – für viele Kunden ein sehr wichtiger Faktor bei der Kaufentscheidung.

Tipp: Bei Tuning Produkten, bei denen die reale Geschwindigkeit nicht angezeigt wird, kann man sich letztlich auch gut mit Zusatzprodukten helfen wie z.B. einem Fahrradcomputer oder einem intelligenten Fahrradsystem wie dem Cobi System für E Bikes. Diese Produkte werten GPS Signale zur Ermittlung der realen Geschwindigkeit aus und können folglich auch die korrekten km/h anzeigen. Natürlich können Sie auch ein GPS-fähiges Smartphone nutzen, dass Sie mit speziellen Halterungen am Lenker befestigen können. Für viele Nutzer dürfte es aber immer noch am angenehmsten sein, wenn das eigentliche E Bike Display die korrekten km/h-Werte anzeigt.

https://www.ebiketuningshop.com/shop/zubehor/fahrrad

4) Welche Motoren kann man tunen?

Diese Liste zeigt Ihnen an, welche E Bike Antriebssysteme eigentlich getunt werden können. Die Positivliste "E Bike Motoren für die es Tuning Produkte gibt":

- Bosch Classic oder Classic+ Line
  ab 2011 bis 2014 mit HMI oder Intuvia Display
- Bosch Active oder Performance Line
  ab 2014 mit Intuvia, Purion oder Nyon Display
- Bosch Performance CX Line
  ab 2015 mit Intuvia, Purion oder Nyon Display
- Bosch Active Line Plus
  ab 2017 mit Intuvia, Purion oder Nyon Display
- Yamaha PW Powerdrive Unit
- Yamaha PW-X, PW-SE
- Yamaha Syncdrive PRO, SPORT, CHARGE oder EVO Display
- Yamaha Syncdrive C Mittelmotor ab 2014
- Panasonic 36V Mittelmotor
- Impulse 1, 2 & EVO & EVO RS Mittelmotor
- Shimano STEPS E600x und E8000 Mittelmotoren
- Brose Mittelmotor
- Brose Specialized Turbo Levo und Turbo Vado
- BionX Antriebe ab Juni 2009 mit CanBus System
- BionX RC3 Antriebe ab 2016
- Heinzmann und ELFEi V3 Motoren
- Conti E Bike Systems (CeBS)
- Bafang Max Drive
- Powerplay
- Polini E-P3

https://www.ebiketuningshop.com/so-geht-s.html

Negativliste "E Bike Motoren die man NICHT tunen kann":

Für folgende Motoren gibt es (bislang) noch keine Tuning Produkte: Alle Heckmotoren (außer BionX, BionX RC3, und Heinzmann), alle Frontmotoren, E Bikes mit Automatik Schaltungen (außer elektronische Di2 Systeme), Xion, Go SwissDrive, Neodrives, Panasonic 26V und 48V, Alber (z.B. Green Mover), TranzX, MPF, Xiaomi sowie bislang alle E Bike Motoren die nicht auf der Positivliste stehen...

https://www.ebiketuningshop.com/so-geht-s.html

5) E Bike Tuning Kategorien

Mittlerweile gibt es unterschiedliche Arten von E Bike Tuning Lösungen auf dem Markt. Wir haben uns mit den verschiedenen Kategorien von Tuning Produkten auseinandergesetzt und diese für Sie sortiert:

a) Software Tuning, b) aufsteckbare Boxen, c) verbaubare Module und d) Dongles, Reedkontakte,...

Nicht verschweigen sollte man e) Sonderlösungen wie Magnet an der Tretkurbel befestigen, oder das Übervolten (beim klassischen Nachrüstsatz), einen zusätzlichen Nachrüstsatz einbauen (z.B. add-e, RubbeeX, Vorderradmotor,...), usw...

a) Software Tuning

Software Tuning gibt es derzeit lediglich für BionX, Bosch Classic (Gen1), Heinzmann oder den Shimano STEPS

E8000 Antrieb. Neu hinzugekommen ist 2017 neben der eMax Software die BLEvo App, die einige wichtige Einstellungen über einen Bluetooth Hack an Turbo Levo & Kenevo E Bikes vornehmen kann. 2018 kommt dann das MountainTuning Tool (MTT) für Powerplay Motoren hinzu.

Beim Software Tuning handelt es sich bestimmt um eine der elegantesten Tuning Lösungen. Auch Drosselung und km/h genaue maximale Unterstützung sind gegebenenfalls einstellbar, und zwar ganz ohne Modul oder Box. Meist geschieht dies über ein Gerät, mit dem man die Einstellungen vornehmen oder auch wieder rückgängig machen kann. Alle Werte sind (auch nach der Deaktivierung) korrekt im System gespeichert - wie etwa die Gesamtkilometer...

Beispiele: JUM-Ped, EBikeBooster, BLEvo, MountainTuning

b) Aufsteckbare Boxen

Wenn es um aufsteckbare Boxen geht, dürfte die Badass Box wohl das klassische Beispiel sein: Nachdem die Box auf den Sensor des E Bikes gesteckt wurde, halbiert das Tool die übermittelte Geschwindigkeit, wodurch die maximale Motorunterstützung verdoppelt wird (von 25 auf 50 km/h). Der klare Vorteil der aufsteckbaren Box ist, dass es sich um eine kabellose Vorrichtung auf dem Geschwindigkeitssensor des E Bikes handelt. Daher kann sie in kürzester Zeit entfernt werden, zum Beispiel um wieder legal in den Geltungsbereich der StVO zu gelangen.

Beispiel: Badass Box

c) Verbaubare Module

In den Motorraum verbaubare Module, die die maximale Motorunterstützung von E Bike Motoren erhöhen, gibt es einige. Hier eine grobe Einordnung:

i) Bei den einfachsten Modulen wird nur die Hälfte der realen Geschwindigkeit im E Bike Display dargestellt.

Beispiel: SpeedBox 1, PearTune für Shimano

ii) Bei erweiterten Modulen werden die realen Werte auf dem Display angezeigt (aktuelle km/h etc.). Außerdem lassen sich diese Tuning Module über festgelegte Tastenkombinationen jederzeit ein- oder ausschalten.

Beispiele: SpeedBox 2, PearTune MSO, ASA eSpeed, sIMPLEk

iii) Aufwendigere Module können zudem über Computer oder App eingestellt werden. Auch Drosselung und maximaler Motorsupport lassen sich individuell konfigurieren. Selbst individuelle Tastenkombinationen zur Aktivierung oder Deaktivierung lassen sich einstellen.

Beispiele: RedPed, BlackPed, BluePed, GreenPed, SpeedChip

Mittlerweile lässt sich feststellen, dass die Entwicklung ganz klar hin zu aufwendigeren Modulen geht.

Beachten Sie bitte, dass sich verbaubare Module nicht besonders leicht deinstallieren lassen, da man erst die Motorabdeckung entfernen muss etc. Aufsteckbare Boxen dagegen können einfach abgezogen werden. Auch bei Software Tuning mit Steuergerät lässt sich das Tuning meist relativ schnell aufheben indem man anhält, das Gerät kurz anschließt und das Tuning aufhebt.

d) Dongles

Eine immer noch populäre E Bike Tuning Lösung ist weiterhin der Dongle oder auch der Reedkontakt. In Sachen Dongle ist immer noch die Frage abzuwiegen, ob man auch dann von Tuning sprechen kann, wenn der Dongle abgezogen (oder der Magnet vom ReedKontakt entfernt) wurde und man sich wieder im öffentlichen Straßenverkehr bzw. im Bereich der StVO bewegt. Letztlich verbleibt nach dem Abziehen des Dongles nur der Kabelbaum am E Bike. Bei den Dongles werden in der Regel alle Werte halbiert im Display angezeigt. Eine echte Neuerung ist der DoubleDongle – dieser besteht aus nur einem Kabelsatz, aber gleich zwei anschließbaren Dongles – der eine erhöht, der andere verringert die Maximal-geschwindigkeit. Gerade ist mit dem sIMPLEk Stick übrigens der erste Dongle auf dem Markt gekommen, bei dem noch die korrekte Geschwindigkeit ablesbar ist.

Beispiele: Sx2 Dongle, DoubleDongle, Polini, sIMPLEk Stick

Fazit: Welche Art von Tuning Tool am besten geeignet ist, hängt hauptsächlich von zwei Faktoren ab:

- Einerseits davon, was der E Bike Tuning Markt hergibt (welche Tuning Lösungen existieren für das jeweilige E Bike),

- Andererseits davon, welche individuellen Ansprüche man an ein Tuning Tool stellt – soll z.B. das E Bike Display bei aktivem Tuning die korrekten Daten anzeigen oder ist das eher unwichtig? Reicht es, wenn die Maximalgeschwindigkeit verdoppelt wird oder soll sie ganz aufgehoben werden? Wenn es Ihnen zum Beispiel wichtig ist, dass Sie Ihr E Bike möglichst schnell wieder legal im öffentlichen Straßenverkehr nutzen können, sollten Sie eine einfache Lösung wie die Badass Box vorziehen (diese kann man nämlich einfach abziehen und schon ist das Tuning aufgehoben). Ganz ähnlich ist es auch bei Dongle Lösungen wie dem Sx2 Dongle, dem sIMPLEk Stick oder dem DoubleDongle. Eine Alternative wäre Software Tuning mit einem Gerät zum Einstellen am E Bike.

Glücklicherweise gibt es heutzutage eine sehr große Auswahl an bewährten und absolut empfehlenswerten E Bike Tuning Tools, so dass mittlerweile für so gut wie alle wichtigen E Bike Antriebssysteme kompetente Tuning-Lösungen auf dem Markt sind. Nicht wenige E Biker wählen inzwischen ihr E Bike gezielt nach den dafür erhältlichen Tuning Produkten aus.

6) Maximale Geschwindigkeit

Eine der Fragen, die uns am häufigsten gestellt wird ist: Wie schnell kann man mit einem getunten E Bike eigentlich fahren? Generell kann gesagt werden, dass es auch mit Tuning Tools relativ schwer ist, auf Geschwindigkeiten von 50 km/h (oder schneller) zu kommen. Dies liegt an diversen limitierenden Faktoren, auf die wir im Folgenden kurz eingehen werden. In diesem Zusammenhang ist natürlich auch sehr interessant, was genau man eigentlich tun kann, um möglichst hohe Geschwindigkeiten auf dem E Bike zu erreichen? Diese Frage ist gar nicht so einfach zu beantworten, da hier verschiedenste Faktoren eine Rolle spielen:

a) Treten

Letztlich ist der E Bike Motor immer nur unterstützend tätig, auch bei aktiviertem Tuning. Wenn man selbst nicht in die Pedale tritt, erfolgt bei gängigen E Bike Antriebssystemen auch keine Motorunterstützung.

Die erste Stufe des Tunings ist also die eigene Fitness. Mit ihr gut ausgerüstet gibt es letztlich auch jenseits der vom Motor unterstützen Grenzen keine Begrenzungen.

b) Motor

Kommen wir zum Herz des E Bikes, dem Motor. Die maximal erreichbare Höchstgeschwindigkeit hängt natürlich auch von der Leistungsfähigkeit des jeweiligen E Bike Motors ab – besonders wichtig sind dabei für uns Werte wie Newtonmeter und Spitzenabgabe in Watt. Aber auch Akku, Controller und vor allem die Software können relevant sein.

Lag noch 2013 der Drehmoment bei E Bike Motoren mit 250 Watt (z.B. bei Bosch Classic Motoren) bei ca. 40 bis 50 Newtonmeter (Nm), so liegt er heute (2018) bei den stärkeren E Bike Motoren mit 250 Watt bereits bei 75 Newtonmeter (z.B. Bosch CX). Vergleichbare Yamaha PW-X Motoren kommen gar auf 80 Newtonmeter. Weniger verbreitete Motoren schaffen sogar 120 Newtonmeter.

Die zweite Stufe des Tunings ist somit der E Bike Motor an sich. Wie man sieht, haben die Motorenhersteller hier schon selber so einiges getan in Sachen Leistungsverbesserung, weshalb man auch von „legalen Motortuning" durch die Hersteller spricht. Da man den Motor beim Kauf des E Bikes festlegt, und im Nachhinein zumeist nicht mehr ändern kann, sollte man sich also vor dem Kauf genau überlegen, welche Anforderungen man an den persönlichen Wunsch-E Bike Motor stellt.

c) Tuning Produkte

In der dritten Stufe geht es um die Verschiebung der maximalen Geschwindigkeitsbegrenzung mittels eines Tuning Produkts über die gesetzten Grenzen hinaus (entweder 25 km/h, 20 mph oder 45 km/h). Je nach Art des Tuning Tools kann es beträchtliche Unterschiede geben. Manche Tuning Tools verdoppeln die maximale Motorunterstützung von 25 auf 50 km/h, andere ermöglichen Motorsupport bis zu weit höheren Geschwindigkeiten, manchmal sogar bis zu 99 km/h. Einige Tuning Tools heben die Begrenzung sogar komplett auf, so dass unbegrenzte Geschwindigkeitswerte ermöglicht werden – zumindest theoretisch (limitierend wirken sich hier die maximal mögliche Leistung des Motors und andere Faktoren aus).

https://www.ebiketuningshop.com/shop.html

d) Trittfrequenz

Sobald man mit getunten E Bikes eine Geschwindigkeit von 35 bis 45 km/h erreicht, macht sich langsam ein weiteres Problem bemerkbar, dass sich limitierend auf die maximale Höchstgeschwindigkeit auswirken kann – nämlich die Trittfrequenz. Das Übersetzungsverhältnis ist dann nämlich derart ungünstig, dass man sehr schnell in die Pedale treten muss. Dies kann das Fahrvergnügen natürlich erheblich mindern. Glücklicherweise gibt es auch für dieses Problem eine Lösung, nämlich größere Kettenblätter, auch Antriebsritzel genannt. Wir empfehlen Ihnen, Ihr altes vorderes Kettenblatt gegen ein Kettenblatt mit mehr Zähnen auszutauschen, damit Sie bei höheren Geschwindigkeiten nicht mehr so schnell treten müssen. Bei Bosch Antrieben z.B. sind es normalerweise 15 oder 16 Zähne. Hier kann man bis zu 22 Zähne aufrüsten – sinnvoll sind allerdings so um die 19 Zähne, da die unteren Geschwindigkeitsbereiche und deren Übersetzungsverhältnis nicht zu sehr verzerrt werden sollten.

Beachten Sie aber bitte, dass Sie zum Wechseln des Kettenblatts spezielle Werkzeuge benötigen (falls Sie diese Arbeit selber durchführen möchten). Eventuell bedarf es auch einer längeren Kette.

https://www.ebiketuningshop.com/shop/zubehor.html

e) Physik

Hat man die eben genannten Punkte einigermaßen optimiert, gibt es aber noch die physikalischen Hürden – genauer gesagt, Fahrtwind, Rollwiderstand und Gravitation. Die ersten beiden Kräfte steigen exponentiell mit zunehmender Geschwindigkeit an und bilden eine natürliche Grenze, denn sie sind physikalische Gesetze. Auch der Einfluss der Gravitation darf nicht unterschätzt werden: Steigung und Gefälle sind wichtige Faktoren für die maximal erreichbare Geschwindigkeit. Die Witterung allgemein, optionaler Rückenwind und viele weitere kleinere Faktoren können sich auswirken. Selbstverständlich auch Ihr Bike und, wie eingangs erwähnt unter a), - Sie selbst!

Fahrtwind und Rollwiderstand kann man noch optimieren, indem man dem Fahrtwind durch eine optimierte Haltung auf dem Bike und entsprechender Kleidung weniger Angriffsfläche bietet (siehe Radrennfahrer). Der Rollwiderstand kann zudem durch eine bessere Bereifung noch mal abgemildert werden – achten Sie auch darauf, dass Ihre Reifen immer optimalen Luftdruck haben! Trotz dieser Optimierungsmaßnahmen sind der erreichbaren Maximalgeschwindigkeit durch Fahrtwind und Rollwiderstand dennoch gewisse physikalische Grenzen gesetzt, die man nur bis zu einem gewissen Punkt umgehen kann.

Fazit: Es gibt also einiges zu tun, um schneller zu werden. Das Tuning Produkt an sich hilft einem erst mal, locker die 25 km/h-Grenze zu überwinden. Wenn man gerne schön schnell fährt, sollte man sich überlegen, das bisherige vordere Kettenblatt gegen ein neues mit mehr Zähnen auszutauschen, um die Trittfrequenz zu senken. Ansonsten muss man bei hohen Geschwindigkeiten sehr schnell treten, was doch ein wenig mühsam sein kann. Beachten Sie aber, dass Sie zum Austausch des Kettenblatts oftmals spezielles Einbauwerkzeug benötigen. Mit den genannten Maßnahmen, und ein wenig individuell angepasster persönlicher Tretunterstützung, können Sie dann recht locker Geschwindigkeiten bis zu 50 km/h erreichen – natürlich kommt es dabei auch immer ein wenig auf die Konfiguration Ihres E Bike Antriebs an (Motor, Gewicht, Bereifung). Mit der richtigen Haltung auf dem E Bike, passender, windschnittiger Kleidung und optimalen Reifendruck können Sie dann auch physikalischen Faktoren wie Fahrtwind und Rollwiderstand entgegenwirken. Und denken Sie daran: Natürlich kann man persönliche Geschwindigkeitsrekorde immer noch am besten auf langen Abfahrten brechen!

Denken Sie dabei aber bitte immer an ausreichende Schutzmaßnahmen wie Helm und Protektoren. Auch spezielle Schutzkleidung kann für ein deutliches Plus an Sicherheit sorgen. Sehen Sie dazu auch unseren 9.

Kapitel.

7) Drosselung

Mit der erhöhten Nachfrage nach Entdrosselung stieg aber auch die Nachfrage nach Drosselung (= Senken der maximal motorunterstützten Höchstgeschwindigkeit). Die Gründe sind vielfältig: Älteren Leuten sind die 25 km/h oft schon zu viel, Eltern möchten die Maximalgeschwindigkeit ihrer Kinder auf E Bikes drosseln (oftmals aus Sicherheitsgründen), in der Nähe von Fußgängerzonen ist es generell sicherer langsamer zu fahren, und auf E-MTB Trails kann eine Drosselung zu Trainingszwecken durchaus sinnvoll sein,...

Die Module mit Zugriff via App (BlackPed, BluePed, GreenPed, RedPed) oder PC (SpeedChip) können bis auf 15 km/h drosseln.

Software Tuning Produkte wie das JUM-Ped für BionX oder EBikeBooster für Heinzmann (oder ELFEi V3) Motoren oder das MountainTuning Tool für Rocky Mountain Powerplay Motoren können die Unterstützung sogar bis auf 0 km/h drosseln.

Der DoubleDongle enthält zwei Dongles, einen zum verdoppeln der Motorunterstützung und einen zum limitieren auf 18 km/h.

https://www.ebiketuningshop.com/vergleich.html

8) Tuning Gegenmaßnahmen

Für das Jahr 2018 sind auch Tuning Gegenmaßnahmen seitens der E Bike Hersteller zu erwarten. Die angekündigten Gegenmaßnahmen schweben schon seit

2016 wie eine dunkle Wolke über der E Bike Tuning Szene. Fakt ist, es gibt eine neue DIN Norm, die bereits am 17. Dezember 2017 in Kraft getreten ist (DIN EN 15194 / 2017). Dazu ist vorab zu sagen, dass diese DIN Norm zunächst einmal kein Gesetz ist, sondern wohl, soweit man das derzeit abschätzen kann, in eine Selbstverpflichtungserklärung bzw. Handlungsanweisung der E Bike Hersteller mündet. Was das nun genau bedeutet, und welche Hersteller welche Maßnahmen wie umsetzen, ob mit vorauseilendem Gehorsam oder abwartend, bleibt derzeit noch völlig offen. Alles andere sind reine Spekulationen und Mutmaßungen.

Wir möchten Ihnen kurz darlegen, mit welchen Tuning Gegenmaßnahmen aufgrund der neuen DIN Norm zu rechnen ist:

a) Verhindern des unbefugten Zugriffs auf den Motor

Die E Bike Hersteller werden voraussichtlich Maßnahmen treffen, die einen unbefugten Zugriff auf die internen Einstellungen des E Bike Antriebs verhindern sollen. Relevant sind die nachstehend aufgeführten Parameter, auf die nur der Hersteller oder berechtigte Personen Zugriff haben sollen. Änderungen an den entsprechenden Software-Konfigurationsparametern dürfen somit nur mit speziellen Programmierwerkzeugen durchführbar sein, die nicht im Handel erhältlich sein dürfen oder zumindest sicherheitsgeschützt sein sollten.

Hier eine Auflistung der betroffenen systemrelevanten Parameter, auf die ein unbefugter Zugriff im Rahmen der E Bike Tuning Gegenmaßnahmen verhindert werden soll:

i) Höchstgeschwindigkeit mit Motorunterstützung (alle E

Bike Antriebssysteme).

ii) Parameter, die die Höchstgeschwindigkeit des E Bikes beeinflussen und durch den Entwurf beschränkt werden.

iii) Maximales Übersetzungsverhältnis (bei E Bike Antrieben mit Mittelmotor).

iv) Maximale Motorleistung (betrifft alle E Bike Antriebssysteme).

v) Maximale Drehzahl der Anfahrunterstützung.

Die E Bike Hersteller werden sich wohl verpflichten, vorhersehbare Manipulationen der für die Zulassung relevanten Konfigurationen zu verhindern oder durch geeignete Gegenmaßnahmen auszugleichen – z.B. durch Plausibilitätslogiken zum Erkennen von Manipulationen an Sensoren.

Außerdem soll für eine abgeschlossene Menge an Bauteilen gesorgt werden – z.B. darf der Betrieb des E Bikes nur mit der dafür zulässigen Batterie möglich sein.

Was die physischen Bestandteile des E Bike Antriebs angeht, so werden die Hersteller wohl versuchen Wege zu finden, um das spurlose Öffnen relevanter Bauteile besser zu verhindern (Verplombung).

b) Was passiert jetzt?

Umsetzung: Was das Durchführen der Tuning Gegenmaßnahmen durch die E Bike Hersteller angeht, gibt es momentan **zwei Szenarien**:

i) Die Hersteller werden Gegenmaßnahmen direkt an den

neu produzierten E Bikes vornehmen.

ii) Es kann auch sein, dass Gegenmaßnahmen, soweit möglich, im Rahmen eines Software-Updates an bereits in Gebrauch befindlichen E Bikes vorgenommen werden (zum Beispiel im Zuge einer Inspektion).

Dies kann also auch Ihr derzeitiges E Bike betreffen!

c) Was ist zu tun? Wie ist mit eventuellen Anti-Tuning Maßnahmen der E Bike Hersteller umzugehen?

Wir empfehlen Ihnen, für die Zukunft Folgendes zu beachten: Wenn Sie Ihr E Bike zum Händler bringen, zum Beispiel im Rahmen einer Inspektion, sollten Sie sich unbedingt vergewissern, ob eventuell ein Software-Update ansteht. Falls ein Update ansteht, sollten Sie sich unbedingt vorher sicher stellen, ob dies mit Ihrem Tuning Produkt kompatibel ist. Bevor Sie einem Update zustimmen, sollten Sie sich fragen, ob dies in Ihrem Fall überhaupt Sinn macht.

Wie Sie vielleicht wissen, sind E Bike Tuning Produkte immer bis zu einem Grad abwärtskompatibel. Bis zu welchem Jahr die Kompatibilität zurückreicht, können Sie den Jahreszahlen in den Produktbeschreibungen der jeweiligen Tuning Tools entnehmen (z.B. „...ab 2009"). Allerdings kann keine Aufwärtskompatibilität garantiert werden. Das bedeutet, wenn ein neuer E Bike Motor oder eine neue Version eines bereits bestehenden Motors (oder eine neue Software Version für bestehende Motoren) veröffentlicht wird, kann es durchaus sein, das Ihr E Bike Tuning Produkt nicht mehr funktioniert. Natürlich können Sie auch Glück haben und ihr Tuning

Produkt ist kompatibel und arbeitet weiterhin problemlos.

Wenn Sie sich ein neues oder gebrauchtes E Bike kaufen, sollten Sie sich unbedingt vorher informieren, ob es dafür überhaupt Tuning Optionen gibt – wir empfehlen Ihnen dazu unsere „Positivliste" in unserem „E Bike Tuning Leitfaden". Wir werden diese Übersicht stets aktuell halten, so dass Sie sich jederzeit informieren können, ob Ihr E Bike Modell getunt werden kann oder nicht. Nichts ist ärgerlicher, als sich ein teures E Bike zu kaufen und dann verärgert festzustellen, dass dieses Modell nicht getunt werden kann – die meisten Fahrer merken nämlich schnell, dass ihnen die standardisierte Motorunterstützung nur bis 25 km/h in bestimmten Situationen einfach zu wenig ist.

https://www.ebiketuningshop.com/so-geht-s.html

Fazit: Bauliche Veränderungen in Sachen Anti-Tuning-Maßnahmen gibt es bei 2017er E Bikes noch nicht, auch für die 2018er Modelle ist derartiges noch nicht zu erwarten. Wir dürfen deshalb schon gespannt sein, was die E Bike Motorenhersteller auf den kommenden Messen für Neuigkeiten präsentieren werden – dann erst dürfte klar werden, mit was für Anti-Tuning-Maßnahmen man ab 2019 rechnen kann. Die E Bike Motorenhersteller werden sich aber sicherlich ganz genau überlegen, was sie in Sachen Tuning verhindern können und was ihnen entsprechende Maßnahmen eigentlich bringen werden.

Die Hersteller, die restriktiver gegen E Bike Tuning vorgehen, dürften nämlich einen Rückgang in der Verbreitung ihrer Motoren erwarten, im Vergleich zu denjenigen Herstellern, die weniger Energie gegen Tuning-Maßnahmen bei ihren Produkten aufwenden. Potentiellen Käufern wird sicherlich nicht lange verborgen bleiben, welche E Bike Antriebe noch getunt werden können und bei welchen dies nicht mehr möglich ist. Letztlich wird die Nachfrage der E Bike Fahrer bestimmen, welche Motoren erfolgreich sein werden und welche nicht.

Am Ende sind die Hersteller aus der Haftung. Der E Bike Besitzer hat das E Bike umgebaut und haftet für den Einbau und/oder die Verwendung des Tuning Produkts, vor allem im Wirkungsbereich der StVO.

9) Wichtige Hinweise

a) Warnhinweise

Wir weisen ausdrücklich darauf hin, das E Bike Tuning Produkte nur an Pedelecs und S-Pedelecs im privaten, abgeschlossenen Bereich genutzt werden dürfen, zum Beispiel zu Sport- und Werbezwecken. Im Allgemeinen führt E Bike Tuning zur Manipulation der Geschwindigkeit Ihres Pedelecs oder S-Pedelecs, dies ist im Wirkungs-bereich der Straßenverkehrsordnung (StVO) nicht zulässig. Die Benutzung geschieht auf eigene Gefahr. Für eventuell, gegenwärtig und zukünftig entstehende Schäden an Gegenständen und/oder Personen durch den unsachgemäßen Ein-/Anbau und/oder die Nutzung wird keinerlei Haftung übernommen. Die Garantie Ihres E Bikes wird durch den Gebrauch oder Einsatz des Tunings eingeschränkt oder ganz erlöschen, da der Einbau oder die Benutzung des E Bike Tunings eine Modifizierung bzw. Manipulierung ihres E Bikes (Pedelec oder S-Pedelec) darstellt. Bereits der Einbau eines größeren Kettenblatts kann das Erlöschen der Gewährleistung seitens des Herstellers nach sich ziehen. Besitzt Ihr E Bike eine Betriebserlaubnis, so erlöscht in aller Regel auch diese. Bitte fahren Sie immer vorsichtig, nutzen Sie

Schutzkleidung wie Helme oder auch Protektoren und bringen Sie sich und andere nicht in Gefahr. Veräußern, verkaufen oder verleihen Sie Ihr E Bike, so informieren Sie sich bitte immer umfangreich über den aktuellen und vorherigen Zustand des E Bikes. Sprechen Sie vorab auch mit Ihrer Versicherung, so dass alle Bereiche Ihres Handelns bestmöglich geschützt sind. Bitte bedenken Sie weiterhin, dass in anderen Ländern andere gesetzliche Bestimmungen gelten. Dieses gilt vor allem dann, wenn Sie mit dem E Bike in den Urlaub fahren. Bitte informieren Sie sich vorher über die regionale Gesetzgebung und halten Sie sich grundsätzlich immer daran.

b) Definitionen

i) E Bike

Wir benutzen den Begriff „E Bike" übergeordnet als Sammelbegriff für Pedelecs und S-Pedelecs, also als Synonym für Elektrofahrrad.

ii) E Bike Tuning

Wir beziehen den Begriff „E Bike Tuning" hier primär auf die Aufheb ung der maximalen Geschwindigkeitsbegrenzung. Einige wenige Produkte ermöglichen z.B. auch die Spannung zu erhöhen und somit mehr Energie in den Motor zu bringen oder das Übersetzungsverhältnis einzustellen.

iii) Tuning

Tuning per Definition beinhaltet aber auch, in Anlehnung an den Automobilbereich, „Karosserietuning" (optisches Tuning), „Fahrwerktuning" und sogar „Interieur- und Soundtuning". Hier dürfte bei E Bikes dem Fahrwerktuning die größte Rolle zukommen, dies gilt übrigens insbesondere für den E-MTB Bereich. Auch optisches Tuning kommt vor. Das Gewichtstuning, wie man es aus dem Fahrrad-Bereich kennt, spielt hingegen bei E Bikes kaum eine Rolle, denn die Kraft des Motors kompensiert hier maßgeblich jede Notwendigkeit zu Optimierungsmaßnahmen. Großzügig könnte man dem, aus dem Automobilbereich bekannten, Interieur- und Soundtuning das Vernetzen des E Bikes mit dem Smartphone zuordnen. Sicherlich sind dies alles sehr wichtige und interessante Tuning-Variationen, allerdings sind diese speziellen Tuning-Maßnahmen nicht Thema unseres Buches.

c) Anmerkungen

Alle Informationen sind zum eingangs genannten Veröffentlichungsdatum aktuell (Stand: Februar 2018). Bitte bedenken Sie, dass sich dies jederzeit ändern kann. Wir halten Sie über folgende Webseiten ständig aktuell informiert:

E Bike Tuning Shop:
https://www.ebiketuningshop.com

E Bike Tuning:
https://www.ebiketuning.com

E Bike Tuning Blog:
https://ebiketuningblog.com

Mister E Bike:
http://www.misterebike.com

E Scooter Blog:
http://escooter.blog

Herstellung und Verlag:
BoD-Books on Demand, Norderstedt
ISBN: 978-3-7460-2565-0

FSC
www.fsc.org

MIX
Papier aus verantwortungsvollen Quellen
Paper from responsible sources
FSC® C105338